Juan Carlos Jimi   I0059483

El Valor
de Los Valores
en las
Organizaciones

Una edición de Cograf Comunicaciones
Caracas, Venezuela - Noviembre 2008

El valor de los valores en las organizaciones
Primera Edición: Noviembre 2008

ISBN: 978-980-12-3474-6
Depósito Legal: lf25220086584401

Ediciones de Cograf Comunicaciones
www.libroscograf.com

C O G R A F

Av. Francisco de Miranda con Av. Principal de Los Ruices,
Centro Empresarial Miranda, Piso 1, Ofic 1K. Los Ruices.
Caracas 1070, Venezuela. Telfs./Fax: (+58 +212) 237-9702
Rif: J-30336261-3
E-mail: contactocograf@cograf.com
www.cograf.com

CUANDO ESCUCHAMOS con atención las conversaciones acerca de valores descubrimos que las personas se refieren a éstos en lo abstracto, como si no se relacionaran con nuestras acciones diarias.

Pareciera que necesitamos hacernos con más frecuencia la pregunta: ¿Cuánta consistencia hay entre los valores que expreso con palabras y las conductas que expreso con acciones?

Los estudiosos del tema han descubierto que precisamos cuidar esa consistencia con atención. Resulta que hacer de los valores una práctica requiere tanta dedicación y constancia, como si fuéramos al gimnasio para cuidar la salud. Sin embargo, para quienes vivimos los retos y la complejidad de cualquier trabajo contemporáneo, no es obvio el cómo mantenernos en forma en cuanto a valores se refiere.

En este libro Juan Carlos nos ofrece las herramientas clave de navegación a través de los valores. Con precisión, ejemplos y un lenguaje sencillo, nos muestra un camino concreto para robustecer los valores en las organizaciones.

Leyéndole descubriremos que los valores influyen en ámbitos como las estrategias de competitividad, los procesos de innovación, la creación de nuevos servicios para los clientes, las relaciones de trabajo o las decisiones de inversión.

Como podemos ver más adelante, los valores se expresan en la toma de decisiones de las personas, y son éstas, junto a sus prácticas y talentos, el motor fundamental que hace posible la entrega de valor a los clientes.

Estas páginas nos dejan reflexiones, pero también ejercicios y acciones concretas que podemos emprender de inmediato para influir en el entorno del que participamos, sea la empresa en que trabajamos, la comunidad en la que vivimos o la familia a la cual pertenecemos.

Juan Carlos nos recuerda de manera fresca la inagotable capacidad que tenemos de superarnos, de sembrar valores positivos y de transformar lo ordinario en extraordinario.

Dafne Gil

Contenido

" Uno se cree
que los mató
el tiempo y la ausencia.
Pero su tren
vendió boleto
de ida y vuelta.
Son aquellas pequeñas cosas
que nos dejó un tiempo de rosas
en un rincón
en un papel
o en un cajón "

Joan Manuel Serrat

– 1 –

Un Texto Didáctico Sobre Valores

En este libro de bolsillo encontrará referencias prácticas acerca de los beneficios que se pueden obtener al reflexionar de manera individual y colectiva sobre los valores. Es un texto con fines didácticos.

Podemos enfrentar la crisis de valores en las organizaciones si el tema se aborda de manera práctica, poniendo más énfasis en definir mejor las acciones, conductas y actitudes esperadas.

Debemos estar concientes de que cuando nos referimos a valores, tiene mucho más importancia la manera cómo actuamos que lo que pensamos y decimos.

La forma en que nos comportamos refleja mejor nuestros valores que nuestros pensamientos. Por ejemplo, si decimos que cada persona del equipo es importante y valiosa, esto queda sin efecto si descalificamos la opinión de alguno de los miembros del grupo.

Esta persona se sentirá desvalorizada. Su identidad y compromiso con el equipo disminuirán. Los demás miembros se resentirán. El equipo no funcionará bien.

Para que los valores tengan más sentido en los equipos humanos que tienen objetivos comunes, es indispensable que sus miembros compartan significados explícitos sobre esos valores.

Nos motiva la idea de ayudar a tener una mayor comprensión sobre lo que son los valores organizacionales, para qué nos sirven, en qué deben consistir, y cómo promoverlos en el diario quehacer.

Los valores en las organizaciones necesitan tener sentido práctico para los miembros que las constituyen:

1. Que todos los miembros los conozcan.

2. Que todos estén de acuerdo con sus significados.

3. Que todos comprendan los comportamientos que implican.

4. Que todos los pongan en práctica.

De lo contrario, las organizaciones terminan con valores elocuentes en cuadros que lucen muy bien colgados de la pared, pero sin una clara utilidad práctica para sus miembros.

Cuando las personas de una organización "trabajan" los valores que los unen, logran sus objetivos de manera más eficiente y satisfactoria. Sus integrantes se sienten más unidos y motivados a formar parte de ella.

"Trabajar" los valores significa hacer los esfuerzos necesarios para ponerse de acuerdo sobre los significados prácticos que deben tener para los integrantes de la organización, y ejercerlos de manera constante.

Pero para "trabajar" los valores, es necesario conocer mejor su importancia (individual y colectiva), su utilidad práctica, los retos que nos plantean, y la manera de fomentarlos.

Estos son los principales aspectos que constituyen el contenido de este texto didáctico. Aprovéchelos y disfrútelos.

2

LA IMPORTANCIA DE LOS VALORES

Siempre han existido asuntos más importantes que otros para los seres humanos. Por ello, valoramos personas, ideas, actividades u objetos, según el significado que tienen para nuestra vida.

Sin embargo, el criterio con el que otorgamos valor a esos elementos varía en el tiempo, a lo largo de la historia, y depende de lo que cada persona asume como sus valores.

En las organizaciones, los valores permiten que sus integrantes interactúen de manera armónica. Influyen en su formación y desarrollo como personas, y facilitan alcanzar objetivos que no serían posibles de manera individual.

Para el bienestar de una comunidad es necesario que existan normas compartidas que orienten el comportamiento de sus integrantes. De lo contrario, la comunidad no logra funcionar de manera satisfactoria para la mayoría.

Cuando sentimos que en la familia, la escuela, el trabajo, y en la sociedad en general, hay fallas de funcionamiento, muchas veces se debe a la falta de valores compartidos, lo que se refleja en falta de coherencia entre lo que se dice y lo que se hace.

Por ejemplo, es difícil saber cómo enseñar a los hijos el valor "tolerancia", si nuestros líderes y gobernantes insultan permanentemente a todos aquellos con quienes tienen diferencias de opiniones.

Igualmente resulta cuesta arriba promover el valor "respeto" si hay maestros, profesores, jefes o padres que frente a situaciones complejas defienden sus decisiones argumentando: "Aquí se hace lo que yo digo" o "Las cosas son así porque sí".

En términos prácticos es poco probable que una comunidad funcione bien (y no digo "perfecto") si las personas que la integran no se basan en ciertos principios que orienten permanentemente su forma de relacionarse, en las buenas y en las malas.

Con la palabra "comunidad" me refiero a la pareja, la familia, el trabajo, el salón de clases, el condominio, los vecinos, la ciudad, el país y a cualquier otra instancia de relación con otras personas. Si no compartimos sus valores no nos sentiremos bien, ni funcionaremos de manera adecuada en esa comunidad. Tampoco nos producirá satisfacción ser parte de ella.

Para la cultura organizacional de una empresa los valores son la base de las actitudes, motivaciones y expectativas de sus trabajadores. Los valores son la columna vertebral de sus comportamientos.

Si los valores no tienen significados comunes para todos los empleados, el trabajo diario se hace más difícil y pesado. El ambiente laboral se vuelve tenso, la gente trabaja con la sensación de que no todos reman en la misma dirección y los clientes pagan las consecuencias.

Como pilares de una empresa, los valores no sólo necesitan ser definidos. La empresa debe darles mantenimiento, promoverlos y divulgarlos constantemente. Sólo así sus trabajadores tendrán mejor oportunidad de comprender sus significados y ponerlos en práctica en sus labores diarias.

3

¿Para Qué Sirven Los Valores?

Los valores son una guía para nuestro comportamiento diario. Son parte de nuestra identidad como personas, y nos orientan para actuar en la casa, en el trabajo, o en cualquier otro ámbito de nuestras vidas.

Nos indican el camino para conducirnos de una manera y no de otra, frente a deseos o impulsos, bien sea que estemos solos o con otros.

Nos sirven de brújula en todo momento para tener una actuación consistente en cualquier situación.

Por ejemplo, en un transporte público algunas personas ceden su puesto a una mujer embarazada y otras no. Los primeros creen en el valor de la cortesía y el de la consideración con otras personas, sean o no conocidas.

Entre los que no ceden el puesto es común encontrar niños (que aún no tienen este tipo de valor), o personas ancianas que valoran más (sin que les falte razón) su necesidad de estar sentados, o personas que simplemente valoran más su propia comodidad.

Así, los valores nos sirven de base y razón fundamental para lo que hacemos o dejamos de hacer, y son una causa para sentirnos bien con nuestras propias decisiones.

Cuando actuamos guiados por valores no lo hacemos por lo que dirán o nos darán los demás. Actuamos por convicción, sin importar si otras personas nos están viendo.

La diferencia con otros comportamientos es que cuando creemos verdaderamente en una conducta que para nosotros representa un fundamento de vida, actuamos según esa creencia, sin que nos importe lo que digan los demás.

Cuando practicamos la honestidad como principio, no nos apropiamos de cosas ajenas porque creemos en el respeto por la propiedad de otros y no porque nos estén vigilando.

Los valores nos ayudan a proceder según lo que consideramos que está bien o mal para nosotros mismos. En otras palabras, cuando actuamos guiados por valores lo hacemos sin esperar nada a cambio que no sea nuestra propia satisfacción y realización como personas.

Esta satisfacción nos hace practicar nuestros principios y creencias en cualquier situación. Nos permite tener una personalidad consistente, independientemente del estado de ánimo o del lugar en el que nos encontremos.

Hay personas que no practican la bondad con desconocidos porque creen que no recibirán un justo agradecimiento o una recompensa. Sin embargo, aunque puedan ser bondadosos con personas que valoran más (como sus hijos, alumnos, empleados o compañeros de trabajo), no asumen esa bondad como un principio de vida.

Si nos interesa fomentar ciertos principios de conducta como padres, maestros, jefes, o en cualquier rol de líder, sólo la práctica consistente de esos valores nos ayuda a dar el ejemplo sobre el significado concreto que ellos tienen en términos de actuación.

– 4 –

¿Cuándo Son Útiles En Las Organizaciones?

Los valores cumplen un papel importante en la eficiencia y la efectividad de las organizaciones:

» Cuando tienen el mismo significado para todos los miembros de la organización (o al menos para la mayoría).

» Cuando son compartidos, es decir, que tienen una importancia similar para todos.

» Cuando son puestos en práctica, especialmente por los líderes, en todos los niveles.

» Cuando son recordados cotidianamente.

Los valores en las organizaciones sirven para que sus integrantes:

» Se relacionen y funcionen mejor, tengan más coordinación, sean más previsivos en su planificación, y logren con eficiencia sus objetivos.

» Tengan más y mejor conciencia práctica de su dirección y sus propósitos, en el corto, mediano y largo plazo.

» Sean colectivamente más creativos y efectivos en la solución de sus retos y necesidades tácticas o estratégicas, específicas y generales.

Como consecuencia, los miembros de una organización en la que se comparten valores:

» Se sienten más realizados como personas, más plenos, y valoran más sus propios compor-tamientos.

» Se sienten muy satisfechos de ser parte de esa comunidad. Se sienten más identificados y comprometidos con la razón de ser de esa organización.

» Rinden más en sus acciones, sus responsabilidades específicas y cumplen mejor sus compromisos profesionales.

» Hacen más aportes individuales y son más creativos, porque a través de sus actos se sienten más realizados como personas y más satisfechos de sí mismos.

Por otro lado, los valores organizacionales son los pilares de la cultura de una organización, lo que a su vez facilita y garantiza la integración y el crecimiento de las personas que la conforman.

Pero la coherencia de esa cultura, es decir, el grado de consistencia entre lo que dicen y hacen sus integrantes, es lo que determina el nivel de armonía y la calidad del desempeño de esa organización (o comunidad).

Como puede verse, es muy beneficioso invertir tiempo y esfuerzo en fomentar que cualquier organización tenga una cultura basada en valores compartidos, que se ponen en práctica todos los días a través del comportamiento cotidiano de todos sus integrantes (o la mayoría).

Algunos Retos Que Plantean Los Valores

En primer lugar, los valores están íntimamente relacionados con nuestras emociones y sentimientos. Por ejemplo, si valoramos la honestidad, nos molesta y nos hiere la deshonestidad. Igual nos pasa con la sinceridad, el respeto, la responsabilidad o cualquier otro valor.

Como todos sabemos, casi siempre resulta difícil explicar los sentimientos. En consecuencia, como comunidad u organización también suele ser difícil ponernos de acuerdo sobre el significado práctico de un valor.

En segundo lugar, cada quien tiene sus propias creencias, convicciones y principios de vida, con su propia jerarquía.

Cada uno construye su propia escala de valores personales. Los aprendemos desde la infancia y cada quien le otorga su propio sentido, de acuerdo con sus experiencias, conocimientos previos y desarrollo como persona.

En tercer lugar, los valores pueden tener significados relativos, dependiendo de la posición de la persona que lo pone en práctica.

Por ejemplo, ¿la honestidad justifica que una persona delate a alguien que le dio información confidencial y privada? Sobre esta clase de dilema no es fácil llegar a un consenso, lo que a su vez genera mucha polémica acerca de la universalidad de ciertos principios.

En cuarto lugar, los valores y su jerarquía varían con el tiempo. Surgen con un significado especial y cambian a lo largo de la vida, porque están relacionados con los intereses y necesidades individuales.

Cuando somos niños, en buena medida, nuestros valores son definidos por necesidades de subsistencia y por la búsqueda de la aprobación de los padres. Durante la adolescencia nos guían valores derivados de la necesidad de experimentación e independencia. Ya de adultos nos planteamos otras prioridades.

Esto permite explicar los obstáculos que existen para llegar a acuerdos sobre principios y creencias entre diferentes personas, en distintos momentos
de la vida.

En quinto lugar, los valores están estrechamente relacionados con la moral y la ética. Ambos son conceptos filosóficos
densos y complejos, y es difícil ponernos de acuerdo sobre
sus significados prácticos.

Por esta razón, dentro de las organizaciones y comunidades
tiende a difuminarse el sentido y la utilidad de los principios
que sirven para proporcionarles sentido de unidad.

Cuando hacemos "una lista de valores" en las organizaciones,
generalmente se pone énfasis en las definiciones teóricas.
Logramos un consenso general sobre las ideas, pero sin
suficientes expresiones prácticas de las conductas que
implican.

Tenemos el reto de traducir los valores en listas de comportamientos muy específicos, relacionados con el día a
día. De esta manera nutriremos mejor la relación entre los
miembros de nuestros equipos y lograremos mejor nuestros
objetivos.

Si traducimos los valores en actuaciones concretas, obten-
dremos más significados y más aplicaciones prácticas en la
familia, en el trabajo y en las organizaciones de las que formamos parte.

CRISIS DE VALORES

Aunque nos enseñen que la honestidad es un comportamiento ideal deseable (y todos lo aceptamos como algo cierto), la interpretación y el sentido que le damos en la práctica suele variar de una persona a otra.

Estas diferencias se traducen en actitudes e incoherencias muy concretas. Por ejemplo, ser honesto, entre otras cosas, significa cumplir con todos los deberes dentro de una organización, pero no es común que se asocie la impuntualidad injustificada con la deshonestidad.

En las organizaciones existe la tendencia a dar por sentado que todos sus integrantes conocen el significado de un valor, pero su definición general no es suficiente para que todos respondamos de la misma manera frente a situaciones con características particulares.

Por ejemplo, hay un consenso generalizado sobre los beneficios de trabajar en equipo. Es un valor implícito en la naturaleza de una organización. Sin embargo, al mismo tiempo, es uno de los comportamientos sobre el que existe más polémica.

El trabajo en equipo no es algo que sucede automáticamente por el hecho de estar todos en un mismo lugar. Poner en práctica de manera armoniosa este valor requiere de un esfuerzo y un coraje individual muy especial. Por tal razón, los grandes equipos trabajan y entrenan mucho para llegar a ser así.

El sentimiento de "crisis de valores" nos aborda cuando con frecuencia vemos a los integrantes de nuestro equipo no poner en práctica los principios organizacionales que se supone conocen, o exhiben comportamientos contrarios a los mismos.

Al sentir que no remamos en la misma dirección se produce mucha tensión en la organización o comunidad. Es lógico que así sea, porque todo nos cuesta más: ponernos de acuerdo, actuar de manera coordinada y lograr los objetivos que nos planteamos.

Se ha vuelto un lugar común dentro de las empresas hablar de valores como la excelencia, el liderazgo o la innovación. Pero en la mayoría de los casos son sólo palabras o intenciones generales. Los miembros de esas organizaciones no cuentan con suficiente orientación para comprender lo que esos conceptos significan frente a sus retos cotidianos.

Promover la excelencia se puede convertir en algo difícil en organizaciones con jefes arbitrarios, y la innovación no es fácil de asumir si con frecuencia se interponen argumentos tales como "¿para qué cambiar si siempre lo hemos hecho así y aún funciona?"

Los ejemplos anteriores son apenas algunas de las contradicciones que originan la sensación de crisis de valores. Cuando la teoría y la práctica se contraponen generan tensión, insatisfacción y crisis. En otras palabras, no es fácil promover valores si en la cotidianidad prevalecen otros principios o "anti-valores".

Las crisis de valores, creencias o principios se producen cuando su significado comienza a perder sentido y utilidad práctica en asuntos concretos.

7

¿POR QUÉ SE DEBILITAN LOS VALORES?

Hay muchas razones, pero quiero destacar tres que constituyen una especie de círculo vicioso de deterioro de valores.

1. Las necesidades pueden presionar más que los valores

Los valores en sí mismos no se deterioran. Lo que en realidad se debilita es nuestra propia capacidad de creer en determinados principios y su pertinencia, como producto de la presión que ejerce sobre nosotros el manejo de ciertas necesidades.

Esta realidad, a su vez, nos remite a valores básicos de subsistencia individual.

Por ejemplo, cuando irrespetamos "las colas" (en el tráfico o a la espera de ser atendidos) es porque consideramos que nuestra necesidad individual tiene más valor que la de los demás. Con en este tipo de consideración personal, pierde sentido la "honestidad" como un valor que nos vincula con los demás.

Algo parecido ocurre en los colegios u organizaciones similares, cuando los maestros o supervisores sienten que su necesidad de "controlar" a su grupo tiene más valor que el "respeto" y la "dignidad" de los integrantes, y hacen uso de la "autoridad" para imponerles orden.

Seguro que no les va a resultar nada fácil obtener "respeto" como respuesta.

2. Es mucho más fácil transmitir otros valores

El verdadero significado de los valores en las organizaciones se basa en las acciones y actitudes de sus integrantes, y nuestro comportamiento se traduce en los detalles de lo que hacemos en el día a día:

Imagine a un padre enseñado a su hijo la importancia de la verdad o la responsabilidad. Un instante después, el hijo le dice al padre que lo llama por teléfono un cobrador, y el padre le responde con naturalidad: "Dile que no estoy".

Imagine algo que cada día sucede más en las empresas: No quitamos la vista de la computadora mientras hablamos con compañeros de trabajo que "respetamos", y decimos cosas como: "No te estoy mirando, pero te estoy poniendo atención".

3. Existe mucha presión social a favor de "anti-valores"

En una sociedad que sobre-estimula el consumo y la propiedad, los ciudadanos terminamos siendo valorados más por lo que tenemos que por lo que somos como personas. En consecuencia, la apariencia o el poder muchas veces se convierten en valores superiores a la responsabilidad. Así terminamos proclamando que "el fin justifica los medios".

En las organizaciones se necesita un poco más de humildad a la hora de hablar de formación de valores o de exigirlos. Los valores están en los detalles de todos los comportamientos de sus integrantes, y muchos de esos comportamientos son habituales y, en ocasiones, inconscientes.

En este sentido, los valores pueden ser mucho más útiles como guías de acción para los integrantes de un equipo de trabajo o de una familia, cuando se definen como comportamientos deseados concretos.

8

DEFINICIÓN
DE LOS VALORES

Los valores son principios que nos permiten orientar nuestro comportamiento en función de realizarnos como personas. Son creencias fundamentales que nos ayudan a preferir, apreciar y elegir unas cosas en lugar de otras, o un comportamiento en lugar de otro. También son fuente de satisfacción y plenitud.

Nos proporcionan una pauta para formular metas y propósitos, personales o colectivos. Reflejan nuestros intereses, sentimientos y convicciones más importantes.

Los valores se refieren a necesidades humanas y representan ideales, sueños y aspiraciones, con una importancia independiente de las circunstancias. Por ejemplo, aunque seamos injustos la justicia sigue teniendo valor. Lo mismo ocurre con el bienestar o la felicidad.

Los valores valen por sí mismos. Son importantes por lo que son, lo que significan, y lo que representan, y no por lo que se opine de ellos.

Valores, actitudes y conductas están estrechamente relacionados. Cuando hablamos de actitud nos referimos a la disposición de actuar en cualquier momento, de acuerdo con nuestras creencias, sentimientos y valores.

Los valores se traducen en pensamientos, conceptos o ideas, pero lo que más apreciamos es el comportamiento, lo que hacen las personas. Una persona valiosa es alguien que vive de acuerdo con los valores en los que cree. Ella vale lo que valen sus valores y la manera cómo los vive.

Pero los valores también son la base para vivir en comunidad y relacionarnos con las demás personas. Permiten regular nuestra conducta para el bienestar colectivo y una convivencia armoniosa.

Quizás por esta razón tenemos la tendencia a relacionarlos según reglas y normas de comportamiento, pero en realidad son decisiones. Es decir, decidimos actuar de una manera y no de otra con base en lo que es importante para nosotros como valor. Decidimos creer en eso y estimarlo de manera especial.

Al llegar a una organización con valores ya definidos, de manera implícita asumimos aceptarlos y ponerlos en práctica. Es lo que los demás miembros de la organización esperan de nosotros.

En una organización los valores son el marco del comportamiento que deben tener sus integrantes, y dependen de la naturaleza de la organización (su razón de ser); del propósito para el cual fue creada (sus objetivos); y de su proyección en el futuro (su visión). Para ello, deberían inspirar las actitudes y acciones necesarias para lograr sus objetivos.

Es decir, los valores organizacionales se deben reflejar especialmente en los detalles de lo que hace diariamente la mayoría de los integrantes de la organización, más que en sus enunciados generales.

Si esto no ocurre, la organización debe revisar la manera de trabajar sus valores.

9

La Manera De Definir
Los Valores

La manera cómo se definen los valores en una organización es a su vez la manera de darles vida. Si sólo son palabras y conceptos genéricos, entonces llegan a tener mucha menos utilidad práctica que cuando son definidos en términos de actitudes, comportamientos y acciones específicas.

La razón de esto es que cada quien en sus acciones cotidianas le da un sentido particular a cada valor.

Por ejemplo, al definir de manera general la honestidad como un valor, la organización no ofrece a sus integrantes una guía suficientemente clara sobre los comportamientos específicos que este valor implica.

Es predecible que los miembros de un equipo asocien la honestidad con decir la verdad y no robar. Pero no es común que la honestidad como valor se relacione con ofrecer lo que se puede cumplir, con actuar preventivamente, o con el reconocimiento anticipado de un error.

Las organizaciones que le sacan más provecho a la utilidad de los valores como herramienta gerencial, los traducen en códigos de conducta, con indicaciones precisas sobre las actitudes y actuaciones que favorecen la cultura de la organización (comunidad), de acuerdo con sus intereses.

De esta manera cada valor sirve de guía práctica que orienta las decisiones cotidianas del trabajo. Nos ayuda a identificar mejor lo que debemos hacer frente a cada situación.
De lo contrario, se debilita la credibilidad interna de la organización, su liderazgo y su cultura. Comienza una crisis de valores.

Para que puedan ubicarse mejor como comportamientos deseados, los principios necesitan diferenciarse bien de los objetivos de la organización. Ésta es una confusión frecuente.

Los valores definen la rectitud de los objetivos y las actuaciones necesarias para conseguirlos. Los objetivos pueden ser flexibles en un momento dado, pero los principios no.

Los valores deberían funcionar como los pilares en una casa: Columnas inamovibles. En su interior podemos hacer todos los cambios que necesitemos, pero no modificamos sus bases.

Los líderes de todos los niveles y ámbitos de la organización son los principales responsables de definir los valores. La persona que la preside y cualquiera que tenga un rol de jefe, supervisor o coordinador, debe estar conciente que todo lo que hace o deja de hacer comunica valores organizacionales para el resto del equipo.

Los demás integrantes de la organización tienen la responsabilidad de conocer los valores de esa comunidad. Si es necesario, deben investigar y preguntar a sus supervisores inmediatos. La responsabilidad de comprenderlos y practicarlos es un valor en sí mismo.

Hay que tener presente que para la definición de valores reviste más importancia la práctica que la teoría. Vale más lo que se hace que lo que se dice. Este es un principio válido tanto para individuos como para organizaciones.

10

La Práctica
De Los Valores:
Es Su Decisión

Aunque los valores comienzan a formarse desde temprana edad y cada quien le da un sentido propio, la puesta en práctica de los valores es una decisión personal.

Cada quien determina cómo actuar frente a las distintas situaciones de su vida.

Unas veces más conciente que otras, eres tú quien decide la actitud y la manera de comportarte frente a las demás personas y frente a las oportunidades, las dificultades o las responsabilidades. Decides asumirlas o eludirlas.

Cuando nos interesa relacionarnos satisfactoriamente con otras personas o ser parte de una organización, decidimos aceptar los valores que requiere esa relación.

Inclusive, en una organización autoritaria, donde los valores se imponen unilateralmente, uno también toma la decisión de aceptarlos.

Al llegar a una organización o comunidad deberíamos ocuparnos de conocer sus valores y sus significados. Ellos nos permiten regular nuestra conducta para el bienestar colectivo y lograr una convivencia armoniosa.

Si resolvemos ser parte de una organización con valores ya definidos, entonces hemos decidido suscribirlos y ponerlos en práctica.

Podemos afirmar que asumir los valores de una organización en la que nos interesa estar es una responsabilidad individual. La práctica de los valores expresa el grado de compromiso que tenemos con esa organización.

Sin embargo, aunque todo esto suene simple, a las organizaciones les toma un gran esfuerzo que sus integrantes tengan valores compartidos y, en muchos casos, apenas se logra.

Recuerda que al hablar de valores nos referimos a principios y creencias. Por lo que es poco probable que cumplamos bien con algo sobre lo que no estamos completamente convencidos de su importancia o valor. ¿Alguien puede obligarte a que estés convencido al respecto?

Aún no estando de acuerdo, podemos seguir correctamente una orden.

Pero la práctica de valores requiere de convicción y eso es algo que depende de tu decisión.

Todos sabemos que un trabajo bien hecho respaldado por valores es superior al que sólo se hace por cumplir con una orden.

Tú decides poner en práctica inmediatamente tus creencias. Decides no posponerlas.

Decides actuar de acuerdo con tus principios, por convicción y no porque te están viendo o vigilando.

Decides la actitud con la que eres parte de una organización y qué clase de persona eres en ella.

Esa capacidad de decidir es la fuente de tu plenitud como ser humano.

11

Tipos De Valores

Podemos hablar de valores universales, porque desde que el ser humano vive en comunidad ha necesitado establecer principios que orienten su comportamiento en su relación con los demás.

En este sentido, se consideran valores universales, la honestidad, la responsabilidad, la verdad, la solidaridad, la cooperación, la tolerancia, el respeto y la paz, entre otros.

Sin embargo, puede resultar útil para facilitar su comprensión, clasificar los valores de acuerdo con los siguientes criterios:

* **Valores personales:** Son aquellos que consideramos principios indispensables sobre los cuales construimos nuestra vida y nos guían para relacionarnos con otras personas. Por lo general son una mezcla de valores familiares y valores socio-culturales, junto a los que agregamos como individuos según nuestras vivencias.

* Valores familiares:

Se refieren a lo que en familia se valora y establece como bien o mal. Se derivan de las creencias fundamentales de los padres, con las cuales educan a sus hijos. Son principios y orientaciones básicas de nuestro comportamiento inicial en sociedad. Se transmiten a través de todos los comportamientos con los que actuamos en familia, desde los más sencillos hasta los más "solemnes".

* Valores socio-culturales:

Son los que imperan en la sociedad en la que vivimos. Han cambiado a lo largo de la historia y pueden coincidir o no con los valores familiares o los personales. Se trata de una mezcla compleja de distintos tipos de valoraciones, que en muchos casos parecen contrapuestas o plantean dilemas.

Por ejemplo, si socialmente no se fomenta el valor del trabajo como medio de realización personal, indirectamente la sociedad termina fomentando "anti-valores" como la deshonestidad, la irresponsabilidad o el delito.

Otro ejemplo de los dilemas que pueden plantear los valores socio-culturales ocurre cuando se promueve que "el fin justifica los medios". Con este pretexto, los terroristas y los gobernantes arbitrarios justifican la violencia, la intolerancia y la mentira, alegando que su objetivo final es la paz.

* Valores materiales:

Son aquellos que nos permiten subsistir. Tienen que ver con nuestras necesidades básicas como seres humanos, como alimentarnos o vestirnos para protegernos de la intemperie. Son importantes en la medida que son necesarios. Son parte del complejo tejido que se forma de la relación entre valores personales, familiares y socio-culturales. Cuando se exageran, los valores materiales entran en contradicción con los espirituales.

* Valores espirituales:

Se refieren a la importancia que le damos a los aspectos no-materiales de nuestras vidas. Son parte de nuestras necesidades humanas y nos permiten sentirnos realizados. Le agregan sentido y fundamento a nuestras vidas, como ocurre con las creencias religiosas.

* Valores morales:

Son las actitudes y conductas que una determinada sociedad considera indispensables para la convivencia, el orden y el bien general.

12

Los Valores Organizacionales

El trabajo ha sido un elemento clave en el desarrollo del ser humano, porque ha requerido organización, planificación y esfuerzo.

En la actualidad, trabajar y producir de manera coordinada con otros es una necesidad crucial. De ahí el surgimiento de la organización laboral.

Así como la vida social se enmarca en patrones culturales que permiten el desarrollo de las personas, las organizaciones cuentan con su cultura. Ésta debería facilitar la integración y el crecimiento de sus miembros. Su grado de solidez demuestra el grado de solidez de la organización.

La cultura organizacional es la base para la identidad y el entendimiento de sus integrantes. Permite valorar y jerarquizar las diferentes situaciones que el entorno presenta para darles respuestas adecuadas y coherentes. Proporciona capacidad para actuar de manera estratégica y eficiente.

Al hablar de cultura en una organización nos referimos a patrones de conducta específicos que pueden reconocerse, transmitirse y apropiarse. Es el conjunto de valores utilizados para ordenar la relación entre sus miembros.

La cultura de una organización no está presente desde su inicio, sino que se forma gradualmente, y se consolida con la coherencia y la consistencia entre lo que dicen y hacen sus miembros. Esta es una condición indispensable para que la cultura pueda transmitirse a los nuevos integrantes y preservar los principios. Pero para poder transmitir un valor hay que profesarlo y ponerlo en práctica. De eso depende su credibilidad.

El buen o mal funcionamiento de la organización está determinado por la solidez de sus valores, los cuales funcionan como una especie de sistema operativo que nos indica la forma adecuada para solucionar necesidades, y nos permite asignarle prioridad a cada una. Proporcionan un sentido de dirección común para todos los miembros y establecen directrices para su compromiso diario.

Los valores también inspiran la razón de ser de cada organización. Los fundadores deberían hacerlos explícitos desde su inicio. Así se comunicaría mejor cuál es el sistema de valores de la empresa. Lo que a su vez permite que existan criterios unificados que compacten y fortalezcan los intereses de todos.

La compatibilidad de los valores personales con los valores organizacionales conlleva a una alta satisfacción personal con el trabajo. Los objetivos de la organización y los de sus miembros cobran mayor significado e importanacia.

Si ambos tipos de valores se distancian, la cultura de la organización se debilita y sus miembros comienzan a sentirse desintegrados.

Por otro lado, las organizaciones están sujetas a dinámicas y presiones diversas. Así que sus valores no se forman de una vez y para siempre. Ellos necesitan ser recreados, fortalecidos o modificados, según evoluciona la organización.

13

La Formación
De Valores

Comenzamos a tener valores cuando somos niños. Primero aprendemos a tener aprecio por las cosas que satisfacen nuestras necesidades básicas, pero valoramos especialmente a las personas que nos las proporcionan. Su comportamiento hacia nosotros se vuelve la principal referencia de lo que es valioso.

Por esta razón, nuestro carácter y personalidad se moldea con las actitudes y comportamientos de las personas que nos crían, bien sea los padres u otros familiares. Sus conductas tienen el principal peso de lo que después se convierte en nuestros principios y creencias personales más importantes.

Aprendemos a valorar el fondo y la forma de todo lo que ellos dicen y hacen, así como lo que dejan de decir o hacer. Cada gesto o comentario tiene una gran influencia en la formación de nuestro juicio y aprendemos también a diferenciar la teoría y la práctica de los valores. Esto último es lo que más nos marca.

Así que la consistencia y la coherencia en el comportamiento de nuestros padres es lo que le da solidez a nuestra formación. Si ellos hacen lo que dicen nuestra personalidad será más fuerte que cuando ellos no practican lo que pregonan.

Más adelante, cuando nos volvemos estudiantes, comenzamos a sentir presiones sociales y presión de valores diferentes a los nuestros, a través de la relación con otras personas. Se pone a prueba la fortaleza de los valores que formamos con nuestros padres.

Se suele confundir valores con hábitos, y muchos padres aspiran que el colegio forme los valores que no fueron formados en la casa. Eso no es posible, simplemente porque el colegio no satisface necesidades básicas de vida, esa es responsabilidad de las personas que nos crían.

Los maestros, líderes y modelos de valores en el colegio, tienen la posibilidad de reforzar lo formado en el hogar, pero no sustituirlo. Si las convicciones que se forman en la casa no son sólidas, pronto se verán expuestas a una intensa competencia social con otras creencias.

¿Por qué es tan difícil formar valores? Porque, a diferencia de las normas, los valores son convicciones.

Son comportamientos que decidimos con gusto y nos producen satisfacción. Las normas las podemos acatar a pesar de nuestra voluntad, pero los valores tienen el respaldo de nuestra voluntad. Hemos aprendido su importancia por los beneficios que nos producen, individuales y colectivos.

Las personas que en nuestras vidas tienen un rol de liderazgo son quienes nos transmiten más valores. Por eso no es casual que ellas sean nuestros padres, hermanos mayores, abuelos, ciertos familiares, maestros, compañeros estudiantiles que admiramos, profesores y jefes.

Pero para poder transmitir algo hay que poseerlo, y sólo se transmiten a través del ejemplo práctico cotidiano de las actitudes y conductas. Es muy poco probable formarlos con grandes explicaciones o a través de una lista de lo que se considera correcto o incorrecto. La memorización de sus significados teóricos no garantiza que los valores se pongan en práctica.

14

Fomentar Valores En Las Organizaciones

La internalización de los valores en una organización supone que sus miembros se identifican con ellos, para lo cual la gerencia debe asumir la responsabilidad de definirlos, informarlos y cultivarlos, de acuerdo con su propia misión.

Podríamos decir que se trata de un compromiso de "doble vía". Los líderes tienen una función en la promoción de los valores organizacionales, pero el resto de los miembros tenemos la responsabilidad de conocerlos y la decisión de practicarlos.

El mayor de los retos no es teórico sino práctico.

Las organizaciones están fomentando valores todo el tiempo, a través de todas las actitudes y comportamientos de sus dirigentes, cualquiera que sea su nivel. Todas sus acciones transmiten valores.

Por ejemplo, si una empresa debe impartir un curso en un día no laboral, tiene que comunicar adecuadamente las razones del caso. De lo contrario, la organización termina transmitiendo que el entrenamiento no es trabajo y su importancia se desvaloriza.

Otro ejemplo de una situación en la que se transmiten valores contrarios a los deseados, ocurre cuando los jefes no asisten a los cursos a los que envían a sus subordinados, o cuando hacen lo contrario a lo que se dijo en el curso; o cuando tratan de estimular un esfuerzo o la creatividad con el argumento de que es "algo fácil".

Promover en las organizaciones valores como el trabajo, el mejoramiento continuo, la excelencia personal, el aprendizaje, o la proactividad, requiere de mucho coraje y un esfuerzo especial de los líderes. Lo que hacemos o dejamos de hacer modela mucho más que nuestras palabras.

Incluso, personas del mismo nivel en la organización también transmiten referencias de sus propios valores personales. Por ejemplo, las personas poco colaboradoras en un trabajo terminan perdiendo aprecio y relevancia para sus compañeros.

Además de definirlos en términos de conductas específicas, las organizaciones deben ocuparse de mostrar los beneficios prácticos que produce el ejercicio de los valores. No es recomendable asumir que se trata de algo obvio. Es mejor hacer explícita esa asociación.

La metodología más eficiente para el fomento de valores es la que pone énfasis en reforzar las buenas prácticas y las conductas que mejor reflejan la cultura organizacional deseada. Ésta es la vía comprobada y efectiva para estimular que se asuman principios con convicción. Las amenazas y los castigos, en el mejor de los casos, sólo logran generar temor, pero no convicción.

El principio del refuerzo positivo es simple: No se puede obligar a la gente a que haga bien lo que no quiere hacer. Ello además no supone que los errores deben pasarse por alto o que no se debe ser severo. Pero el refuerzo positivo es mucho más que una palmadita en la espalda. Para que esta metodología funcione se debe elogiar a la gente de inmediato, se debe ser específico en el comportamiento reconocido, y se deben expresar los sentimientos positivos que nos hacen sentir la práctica del valor.

Si esta metodología se practica de manera sistematizada se produce un ambiente organizacional que funciona como un círculo virtuoso de reproducción de valores.

15

Personas Valiosas En Las Organizaciones

En general valoramos a la gente por sus principios, y en particular por el significado que tiene su actitud y comportamiento para nosotros. Por supuesto, esa valoración depende de nuestros propios principios y creencias.

Sin embargo, hay valores en las organizaciones que tienen un impacto positivo generalizado. Las personas que los practican son reconocidas y estimadas. Esa es la base de su liderazgo individual, fundamentado en su personalidad y su capacidad de influir en el desarrollo de las personas a su alrededor.

La gente cree y confía en ellos por lo que son y lo que hacen. Su comportamiento nos hace sentir admiración y respeto. Su carácter se traduce en la práctica de valores que inspiran emulación en otros miembros de la organización.

Esto ocurre con los supervisores que logran estar tan pendientes de su trabajo como de la situación de sus supervisados. También ocurre con las personas que tienen que tienen tal sentido de colaboración y solidaridad que siempre están dispuestos a ayudar a otros, inclusive antes de que lo soliciten.

En ciertos momentos de las organizaciones, algunos valores son tan escasos que pueden producir tanta sorpresa como desconfianza.

Un ejemplo es el de la cooperación desinteresada. Las personas que la practican llaman la atención hasta de aquellos que no creen posible que exista un valor así en la sociedad contemporánea, en la que prevalecen valores materiales.

Algo similar pasa con la excelencia en la atención hacia las personas. El trato frío o la cortesía fingida se ha generalizado de tal manera, que cuando somos atendidos con respeto y aprecio, muchas veces no sabemos si fascinarnos o sospechar de la honestidad del trato recibido.

La distorsión de ciertos valores ha llegado al punto en el que a muchas personas les cuesta comprender cómo alguien puede dar más de lo "estipulado" o por lo que es remunerado. Quizás esto se debe a que en una sociedad de consumo se tiende a darle más importancia a ciertos valores materiales que a otros tipos de valores.

De cualquier modo, la gente que practica de manera consistente ciertos principios de conducta parece nadar contra la corriente y entra en conflicto con lo establecido o con las normas.

Eso pasa con valores como la creatividad, la innovación o la orientación al logro. Las personas con estas creencias también hacen un aporte significativo porque contribuyen a que los valores evolucionen o mejoren.

Claro, esto ocurrirá siempre y cuando en términos prácticos los beneficios organizacionales de "los nuevos" valores sean mayores que los de "los viejos" valores. De lo contrario, se produce una tensión negativa entre los practicantes de unos y otros principios.

En resumen, las personas valiosas en las organizaciones tienen un tipo de proactividad personal mucho mayor a la del promedio de su equipo.

No se inhiben con "el qué dirán" de los demás. Deciden practicar sus valores con coraje y respetuosa convicción. No lo hacen contra viento y marea sino con viento y marea.

16

Decálogo De Valores Organizacionales

A continuación encontrará un decálogo de principios que hacen que el desempeño de algunas organizaciones sea superior al de otras, a la vez que sus miembros obtienen más satisfacción personal por ser parte de ellas.

Por supuesto, puede agregar, eliminar o modificar esta lista. Es sólo un ejercicio para mostrar una manera de presentar los valores más como comportamientos que como conceptos teóricos. Así llegan a tener más significado práctico para los miembros de su equipo.

Seleccioné éstos pensando en las organizaciones en general. Seguramente en cada organización hay otros valores y los comportamientos pueden ser descritos de manera aún más específica.

Esta guía se sugiere como un punto de partida para comenzar a desarrollar una lista propia.

HONESTIDAD:

Ofrecemos lo que podemos cumplir y nos esmeramos en lograrlo.

Actuamos con exactitud y puntualidad.
No dejamos los resultados al azar.

Honramos y defendemos la propiedad de los demás. Nos comportamos con integridad, de manera coherente.

Somos auténticos en lo que hacemos.
Tenemos una sola cara.

Obramos con un sentido conciente de la justicia.
Respetamos la verdad.

No nos aprovechamos de la inocencia o la ignorancia de los demás.

Responsabilidad:

Asumimos la obligación de responder por lo que hacemos o dejamos de hacer.

Ponemos cuidado y atención especial en nuestras decisiones.

Damos la cara por nuestros actos y sus consecuencias.

La responsabilidad es un compromiso esencial con los demás y con nosotros mismos.

No eludimos ni olvidamos nuestras deudas.

Somos previsivos. Planificamos y nos esforzamos para trabajar con orden.

Reconocemos nuestros errores al tiempo que buscamos corregirlos.

Comunicación:

Nos esforzamos más en escuchar lo que tratan de decirnos. Si no entendemos preguntamos.

Buscamos verificar que nos estamos explicando correctamente.

No damos nada por obvio. No suponemos.

Evitamos etiquetar a nuestros interlocutores o sus mensajes.

Evitamos los prejuicios.

No consentimos chismes ni rumores.

Si no nos llega la información la buscamos.

No nos callamos cuando tenemos algo que decir.

No dejamos pasar las oportunidades de mejorar.

Sinceridad:

Nos expresamos con libertad, sin fingir o disimular.

Creemos en la veracidad como base para poder construir confianza.

Decimos lo que pensamos sin perjudicar a los demás.

Actuamos de manera consistente con todas las personas y en todo momento.

Tratamos a los demás con franqueza.

Creemos en la lealtad y la transparencia al comunicarnos.

La sinceridad es reflejo del aprecio por nuestros compañeros de equipo.

Respeto:

No menospreciamos a los demás ni sus opiniones.

Cuando actuamos tenemos consideración y deferencia con los sentimientos de los demás.

Apreciamos a quienes nos rodean.

Nos esforzamos por comprender de manera empática sus puntos de vista y situaciones particulares.

No atropellamos a los demás al interactuar con ellos.

No insultamos ni maltratamos.

No agredimos ni física ni verbalmente a nadie.

Tratamos a las personas con dignidad.

Compañerismo:

El éxito de nuestra organización lo construimos juntos.

El trabajo en equipo requiere de coraje individual.

Los compañeros que valoran más este principio no eluden hacer equipo con los miembros con quienes tienen menos afinidad.

El mejor resultado es producto de que todos en el equipo hagan lo mejor para sí mismos y para el grupo.

La armonía no se logra por casualidad; es una consecuencia del esfuerzo de las personas que constituyen una organización. Se basa en el conocimiento y el aprecio por todos los miembros del equipo.

Solidaridad:

No significa sólo dar una ayuda sino comprometerse y compartir la situación de aquel con quien me hago solidario.

Es brindar apoyo al ser humano necesitado.

Comprendemos que para que haya solidaridad se requieren dos personas o comunidades.

Supone ayudar sin recibir nada a cambio, aunque nadie se entere, sin esperar reciprocidad.

Es la adhesión a principios comunes e implica compartir por ellos beneficios y riesgos.

Tolerancia:

Aceptamos con respeto las opiniones contrarias a las nuestras.

No descalificamos a las personas que tienen puntos de vista que no compartimos. Las aceptamos con respeto genuino por el individuo, aunque no nos entendamos.

Tolerancia no es hacer concesiones. Tampoco es indiferencia.

Supone conocer y aceptar al otro.

Elegimos ser tolerantes por convicción.

Es condescendencia.

Tolerancia implica voluntad y madurez.

Aprendizaje:

Creemos en el mejoramiento continuo nutrido con la experiencia diaria.

Creemos en la autoridad que confiere el conocimiento, el estudio y la experiencia.

Por ello nos capacitamos y actualizamos de manera permanente y sistematizada.

Entendemos el aprendizaje como un proceso práctico de aplicación de ajustes y cambios en el comportamiento, no sólo como un ejercicio del conocimiento teórico.

Decimos que aprendemos después de haber cambiado lo que era necesario cambiar.

Superación:

Tenemos el compromiso de mejorar cada día lo que hacemos aunque sea una pequeña parte y no la totalidad.

Es nuestra capacidad y deseo de vencer obstáculos o dificultades. Eso nos motiva.

Los retos nos inspiran.

Nos sentimos realizados como personas con el esfuerzo asumido de manera conciente, porque en ello vemos nuestro potencial.

No hacemos las cosas "más o menos" o por "cumplir".

Creemos en el poder que se obtiene de la disciplina y la perseverancia.

17

Una Idea Para Trabajar Los Valores

Trabaje los valores en su organización con un recurso abierto. Es decir, desarrolle un documento que contenga las conductas y actitudes deseadas, que sirva para ejemplificar la puesta en práctica de cada uno de los valores de la organización.

Debe ser un documento que tenga la posibilidad de actualizarse y mejorar con la evolución de la organización, y con la participación de sus integrantes.

De esta manera se crean las condiciones para "refrescar" el significado práctico de los principios, y que esta dinámica se convierta en oportunidades vitales para fortalecer el compromiso de la gente con los valores de la organización.

Crear un documento con estas características también permite construir la identidad necesaria para que los valores realmente se conviertan en los pilares de la cultura organizacional. Así, los integrantes de la organización no verán en los valores una simple lista de creencias con las que deben vincularse porque no les queda más remedio, sino las bases para tener más sentido práctico de lo que representa ser parte de esa organización.

Utilice los valores organizacionales universales antes propuestos como un punto de partida. Con ellos puede comenzar a construir una lista de comportamientos deseados frente a las distintas situaciones específicas que debe enfrentar su organización.

Esta es una manera concreta de asociar la práctica de los valores al día a día de cada integrante de la organización, al mismo tiempo que estructura un "código de conductas" práctico y en sintonía con la gente.

Su documento se puede desarrollar sobre la base de un esquema como el de la página siguiente.

Este es un ejemplo de cómo estructurar un "código de conducta" que contenga el significado de los valores en términos de comportamientos deseados.

Usted puede adaptarlo o formularlo de otra manera, de acuerdo con la realidad propia de su organización. Pero el resultado debe ser el mismo: Una guía práctica para los integrantes del equipo, en cuya construcción ellos también han participado.

Cuando hablamos del valor COMUNICACIÓN:

Si estamos en alguna de las siguientes situaciones:	La actitud y el comportamiento de los integrantes de nuestra organización debe ser el siguiente:
Falta de información sobre un proyecto en proceso.	1. La buscamos. Preguntamos. 2. Pedimos ayuda a nuestros compañeros y a nuestros jefes. 3. No especulamos sobre las razones por las cuales no contamos con la información. 4. No creamos rumores. 5. Antes de emitir un juicio, averiguamos las razones por las cuales falta la información.

18

Comentarios Finales

La lista anterior es sólo un ejemplo de cómo estructurar un "código de conducta" que contenga el significado de los valores en términos de comportamientos deseados.

Usted puede adaptarlo o formularlo de otra manera, de acuerdo con la realidad propia de su organización. Pero, el resultado debe ser el mismo: Una guía práctica para los integrantes del equipo, en cuya construcción ellos también han participado.

En las últimas dos décadas he tenido la oportunidad de realizar centenares de sesiones de trabajo para ayudar a distintos tipos de organizaciones a definir sus valores, y casi siempre he tenido que enfrentar dificultades similares.

Muchas veces se habla de la "ética" como un valor, pero ésta es una rama de la filosofía que se ocupa de la moral, de la que también se habla como un valor. Sin embargo, la moral está compuesta por convenciones sociales sobre lo bueno y lo malo, y siempre ha estado cargada de contradicciones.

Por ejemplo, los terroristas políticos asesinan personas para imponer lo que ellos consideran moralmente bueno.

Así que con este tipo de referencias, los valores en las organizaciones se han convertido en un tema sobre el que se desatan muchas polémicas teóricas que, al final, producen pocas implicaciones prácticas útiles.

Muchas organizaciones definen sus valores, pero lo hacen como una especie de obligación gerencial. No parecen tener mucha claridad ni convicción sobre sus beneficios en el día a día de sus actividades. Por lo menos eso no se ve en la práctica.

Aterricé en este tema porque todas las acciones de una organización comunican valores, y la comunicación es mi área de especialidad.

Es muy difícil definir y transmitir mensajes clave consistentes para una empresa o producto, sin basarse en sus valores. Todo acto de comunicación (de fondo y forma) está lleno de valores.

Así como las organizaciones transpiran comunicación en todo lo que hacen, dicen, dejan de hacer o decir, así mismo transpiran valores sobre su razón de ser y en relación a sus ser y en relación a sus públicos. De tal manera que rescatar el valor de los valores en las organizaciones luce como una necesidad importante.

Espero haber logrado transmitir que las organizaciones con valores compartidos logran desarrollar una cultura organizacional que les permite desempeñarse con excelencia y mucho mejor que las que no comparten significados similares sobre sus principios.

También aspiro a que este texto sea de utilidad para su día a día profesional. Y como creo que el valor de la comunicación -entre otras cosas- consiste en un constante intercambio de "doble vía", valoraría mucho que sea usted quien me permita saber su opinión sobre este "libro de bolsillo".

Por favor, envíeme sus comentarios a mi dirección de correo electrónico: jucar@cograf.com.

Gracias por su atención.

Juan Carlos Jiménez
Noviembre 2008

Sobre el autor

Juan Carlos Jiménez es un empresario y publicista venezolano. Se desempeña como Director de Cograf Comunicaciones desde el año 1990, pero comenzó a trabajar en el mundo de las artes gráficas en 1978.

Profesionalmente se dedica a temas como la identidad de marcas, la producción gráfica, el mercadeo, la publicidad, proyectos de Internet y la atención al cliente como cultura.

Es socio y fundador de varias empresas activas. Ha sido profesor invitado de varias universidades, y ha sido conferencista sobre sus áreas de dedicación en eventos nacionales e internacionales.

Es autor de los libros *Negocios.com*, *Mercadeo.com* y *El e-mail en el trabajo*. También ha publicado otros trabajos en el mismo formato del presente libro: *El arte supremo de la atención al cliente*, *Atiéndame bien* y *Trabajar y disfrutar en equipo*.

Es diseñador y facilitador de talleres de planificación estratégica, comunicaciones corporativas, creatividad, trabajo en equipo, gerencia del cambio y promoción de cultura de atención en las organizaciones.

Otras publicaciones de
Cograf Comunicaciones

El e-mail en el trabajo.
Manual de Supervivencia.
Soluciones y Consejos.
Autor: Juan Carlos Jiménez

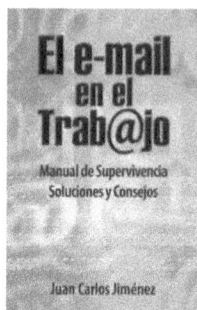

Mercadeo.com.
Apuntes prácticos sobre
imagen, mercadeo y ventas
para empresarios y gerentes.
Autor: Juan Carlos Jiménez

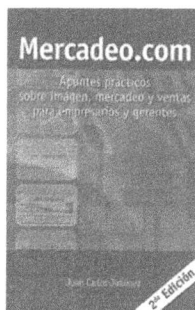

El arte supremo
de la atención al cliente
Autores:
Juan Carlos Jiménez
Alberto Patiño

Si desea organizar en su empresa
una conferencia, un seminario,
o un programa de entrenamientos
para promover cultura de atención al cliente
y ciertos valores organizacionales...

Si necesita una asesoría especial
sobre estos temas, a la medida de las
condiciones de su organización...

O si desea adquirir ejemplares de
este u otros libros editados por
Cograf Comunicaciones,
para distribuirlo en su empresa
o entre amigos y colegas...

Escríbanos a jucar@cograf.com
O llámenos al (+58 +212) 237-9702

www.cograf.com

www.libroscograf.com

www.cursoscograf.com

www.internetips.com

www.folletoweb.com